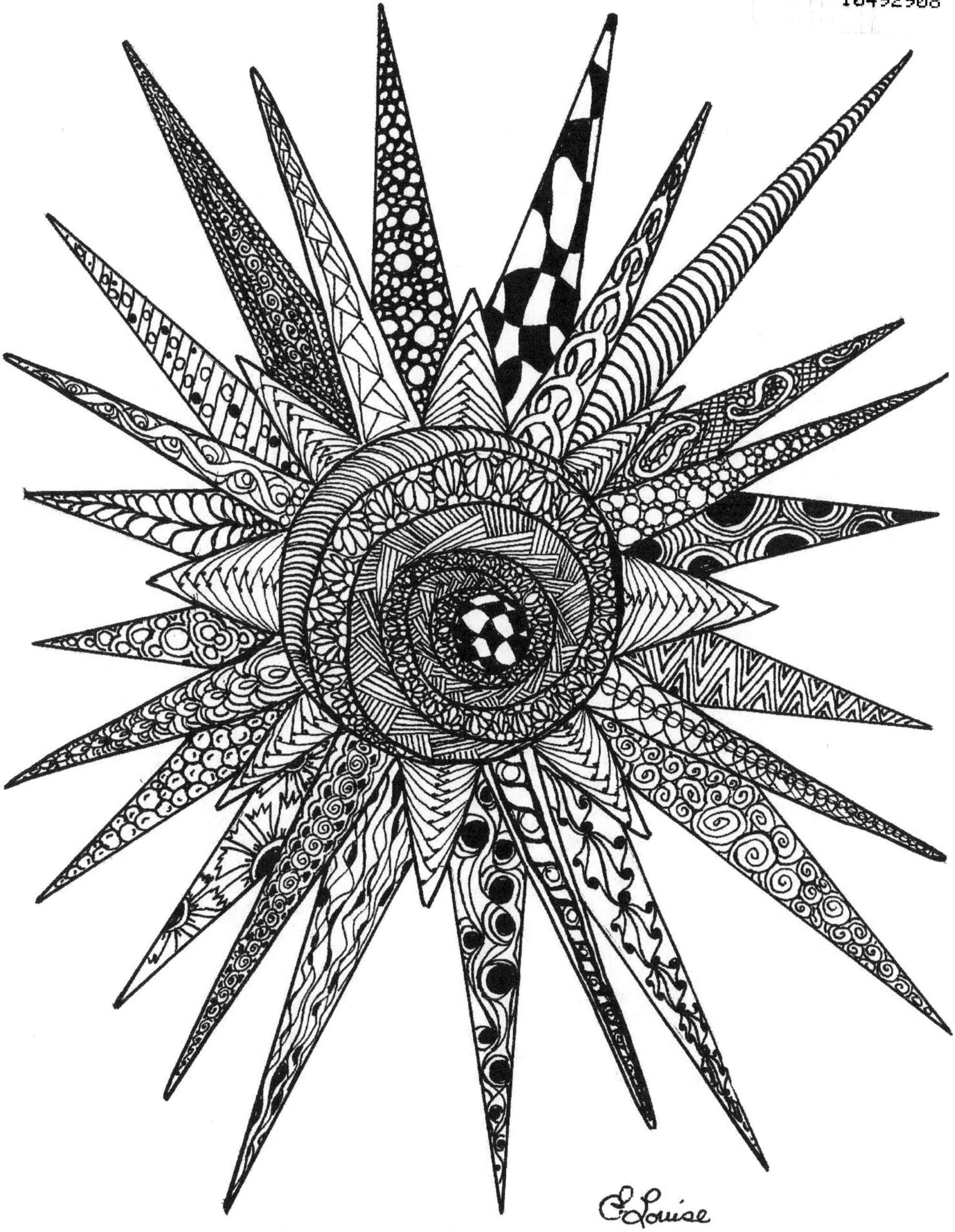

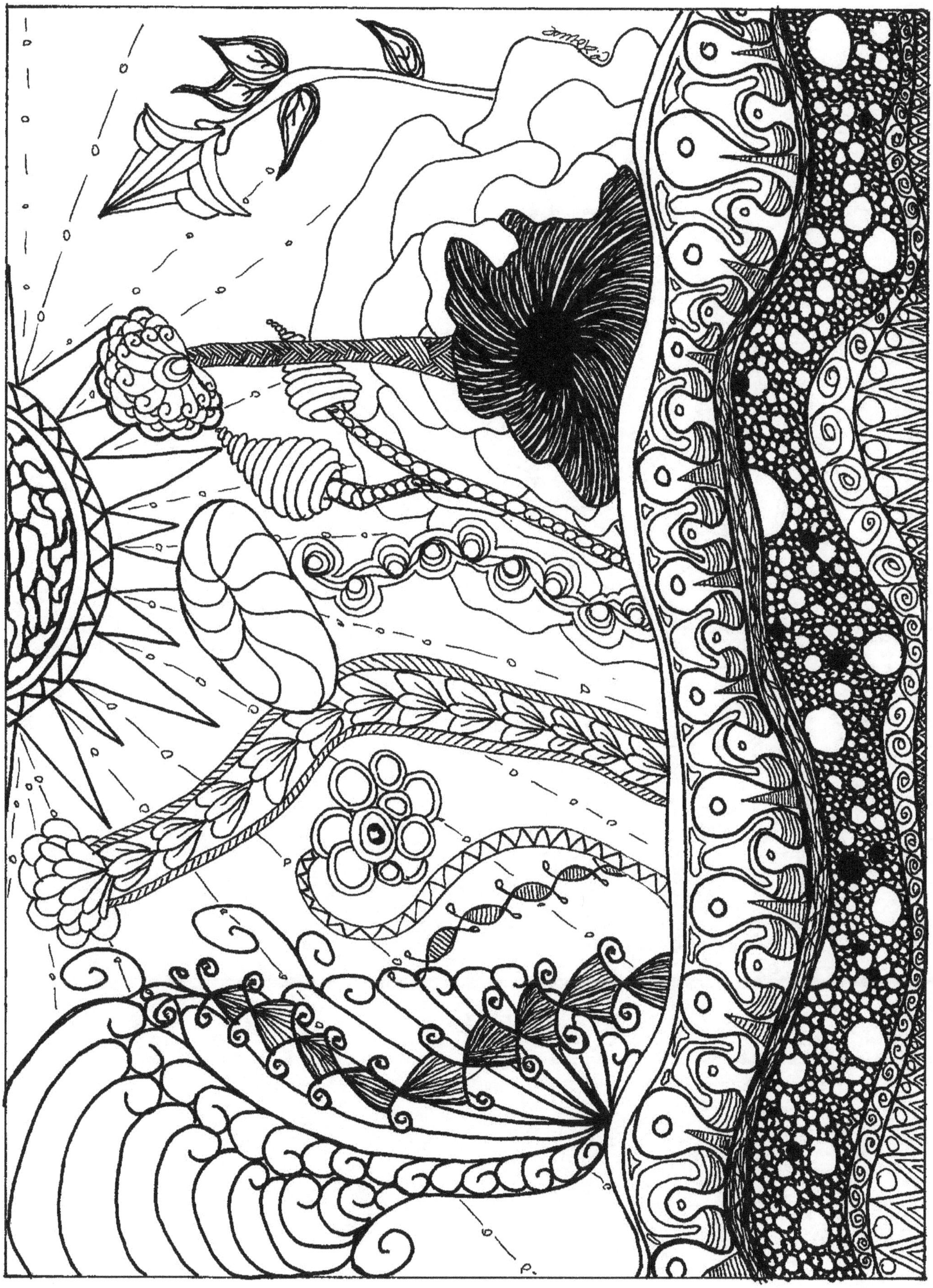

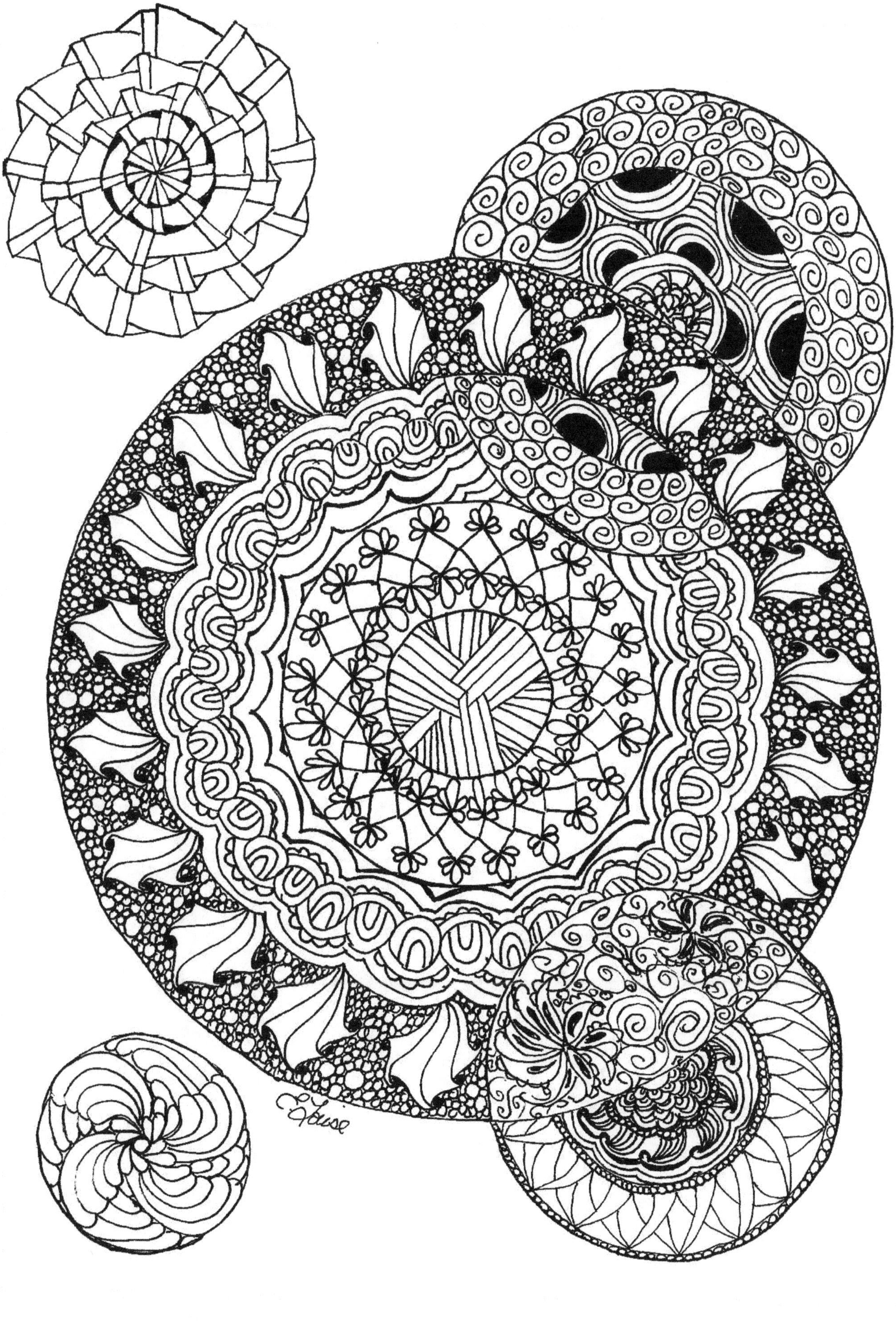

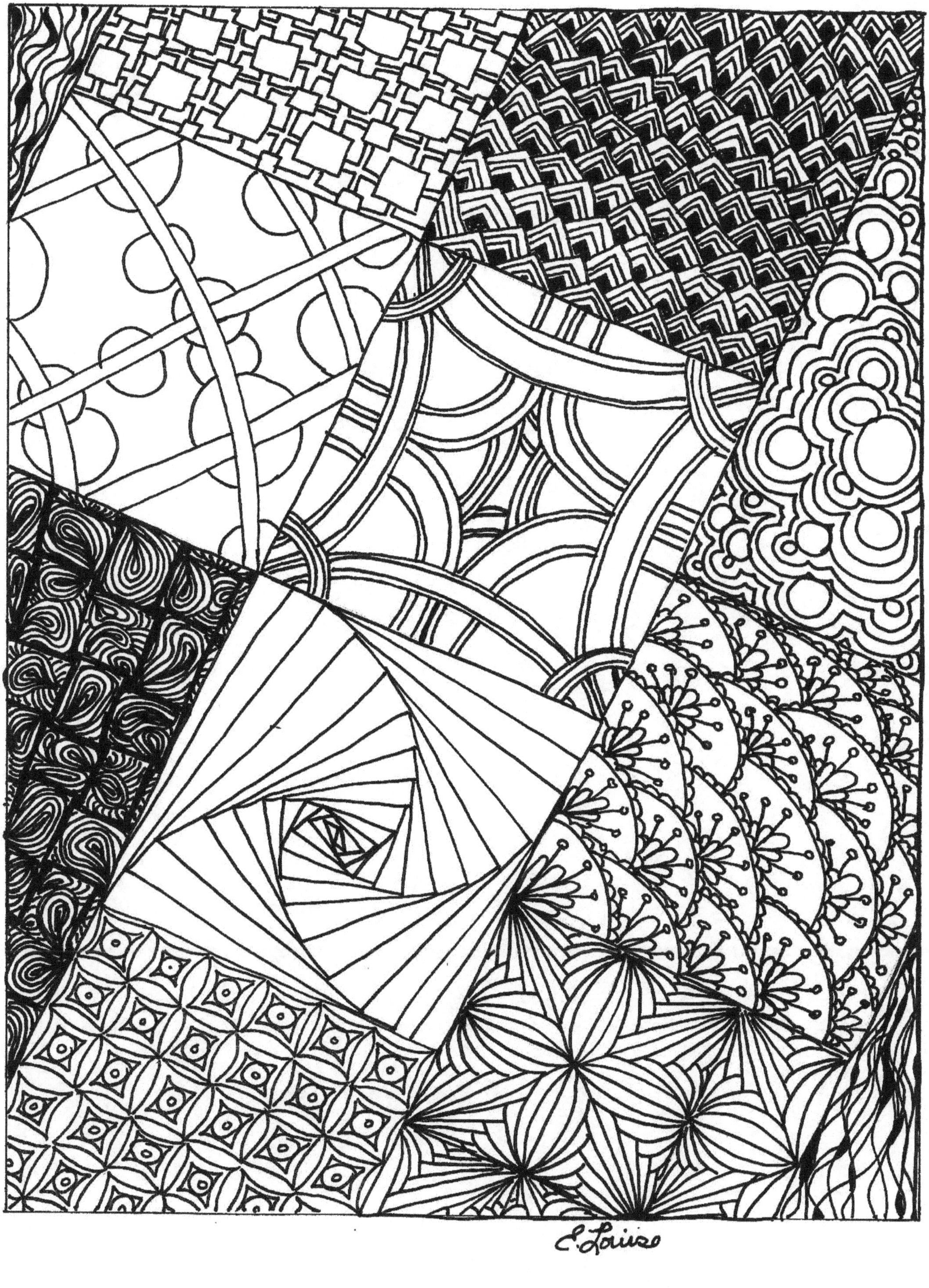
E. Louise

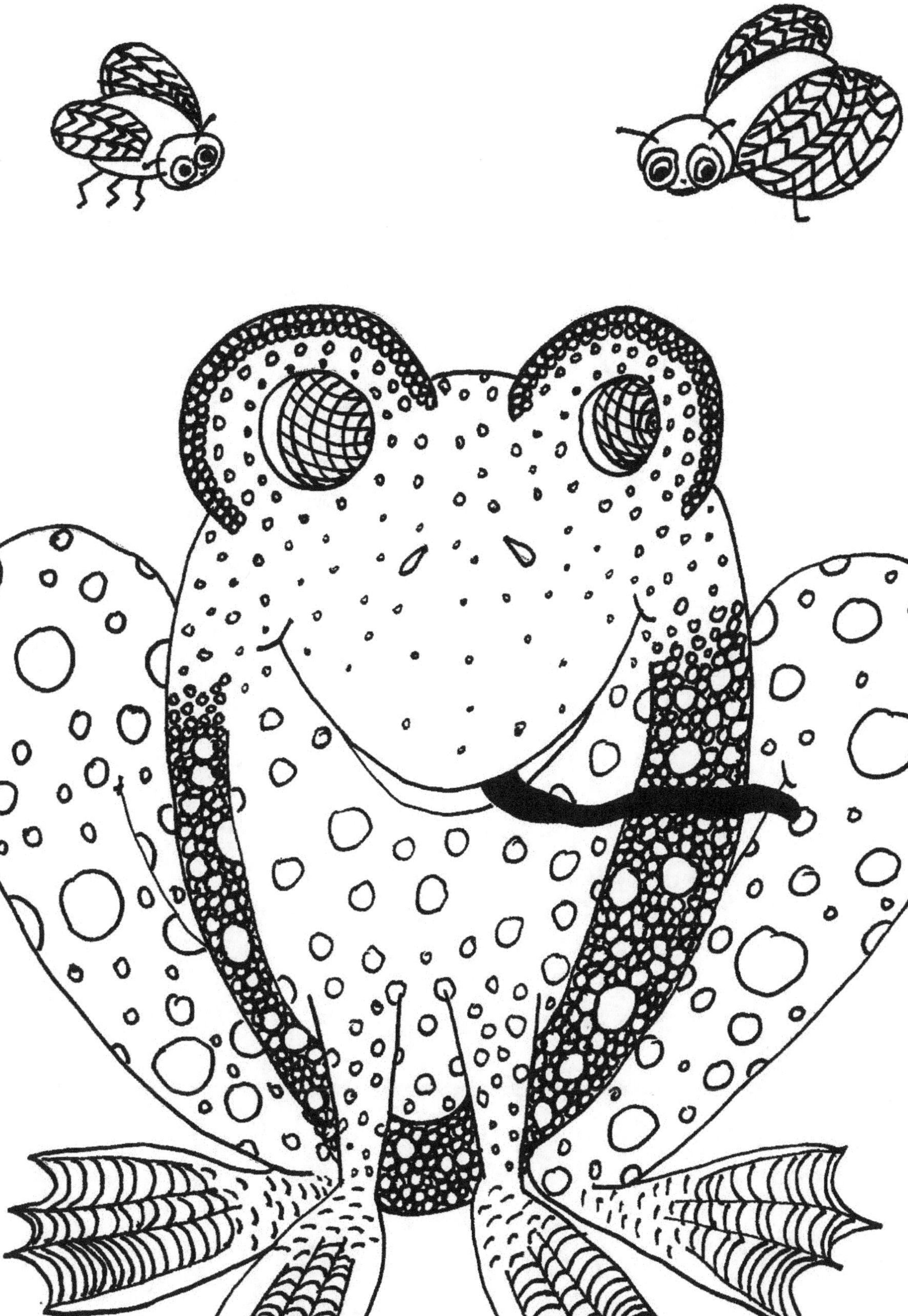
C Louise

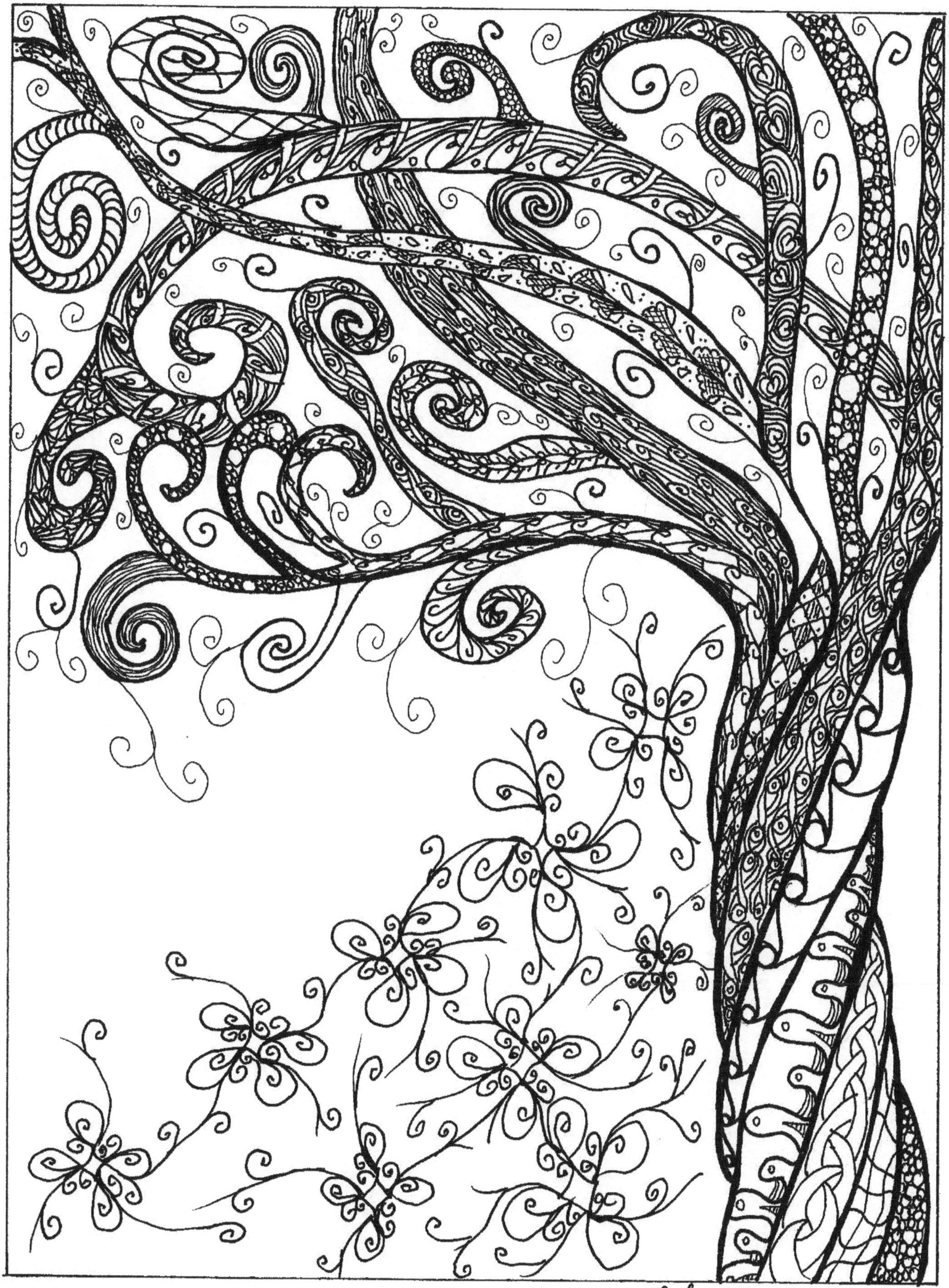

C. Louise

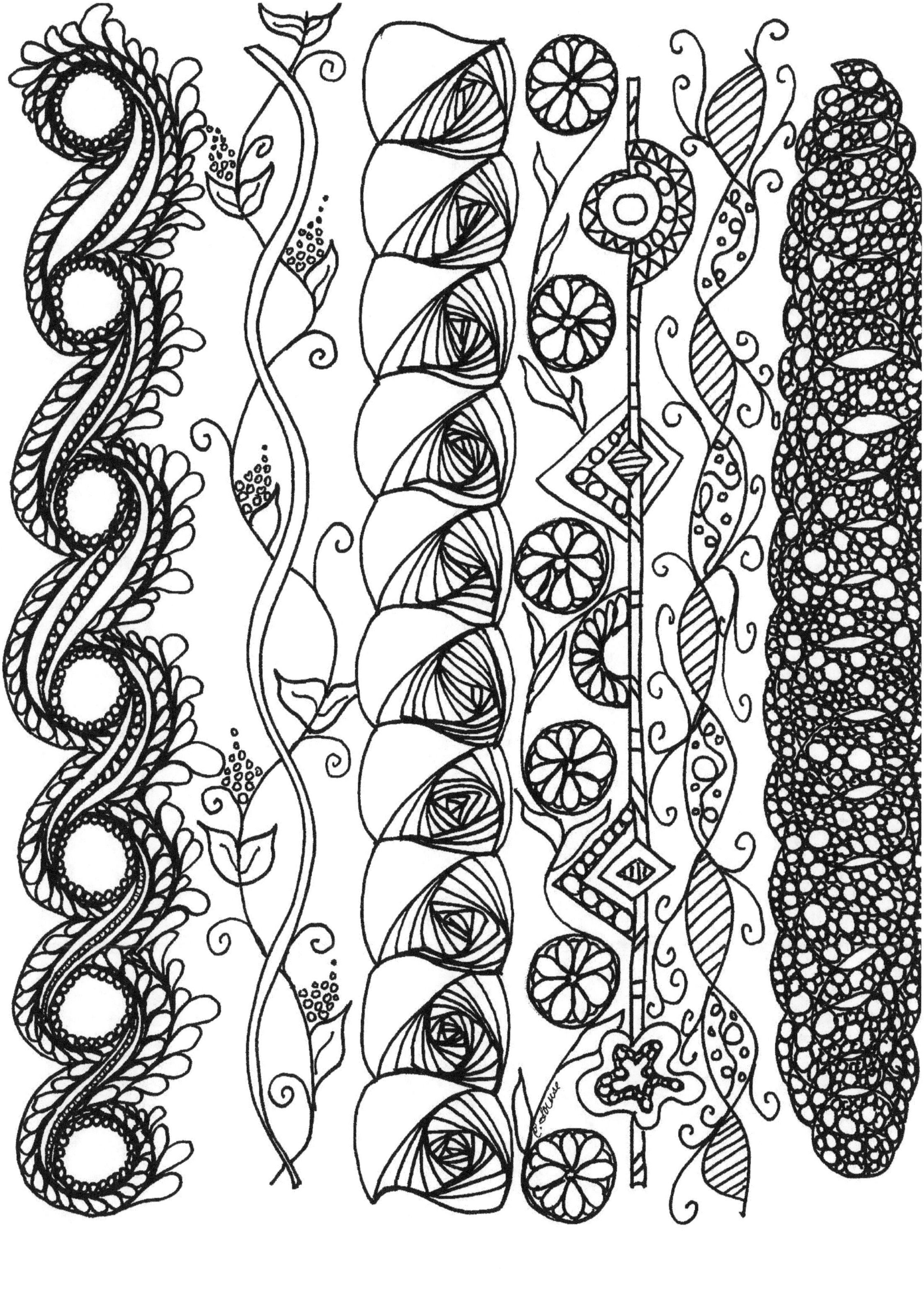
C. Louise

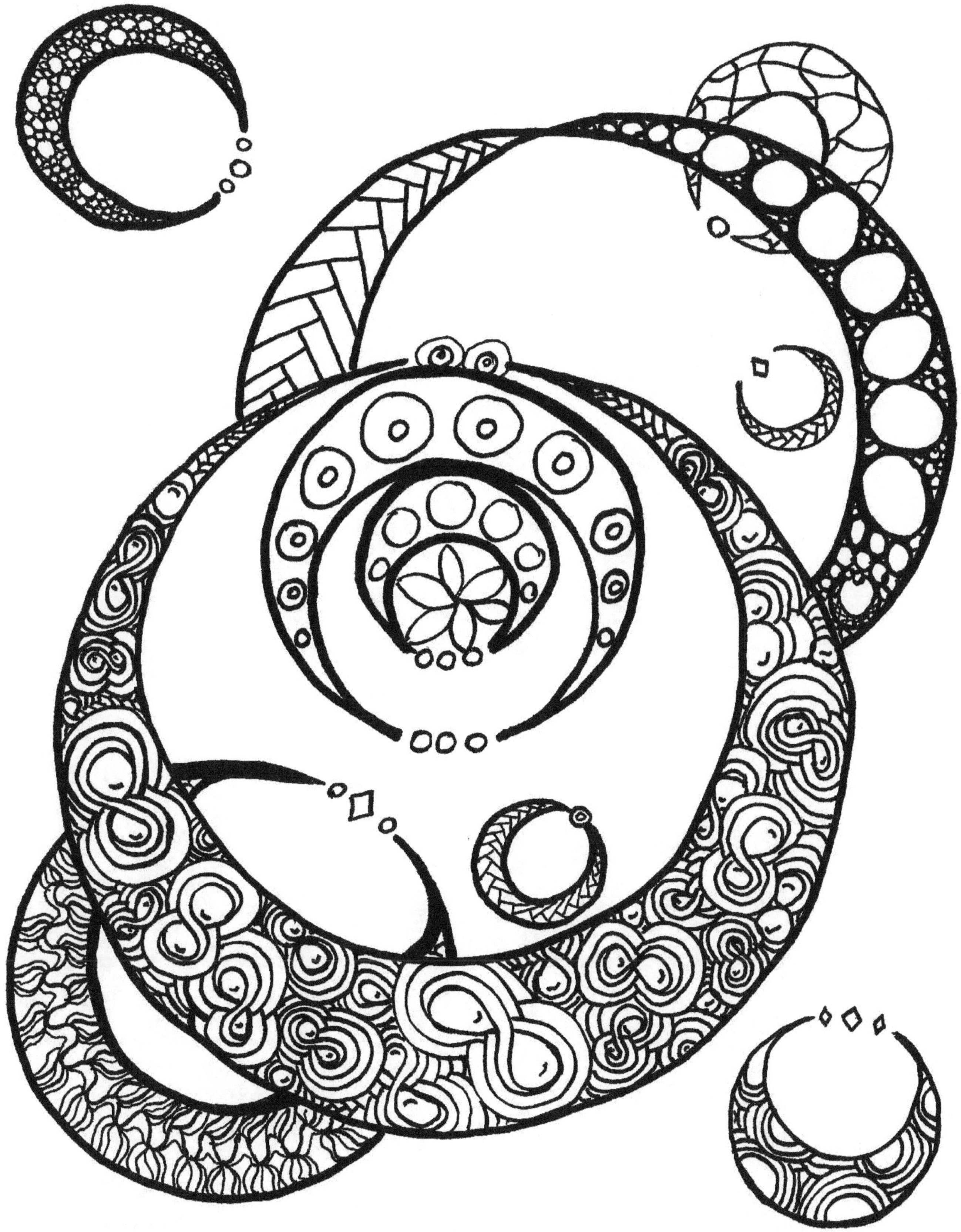
C. Louise

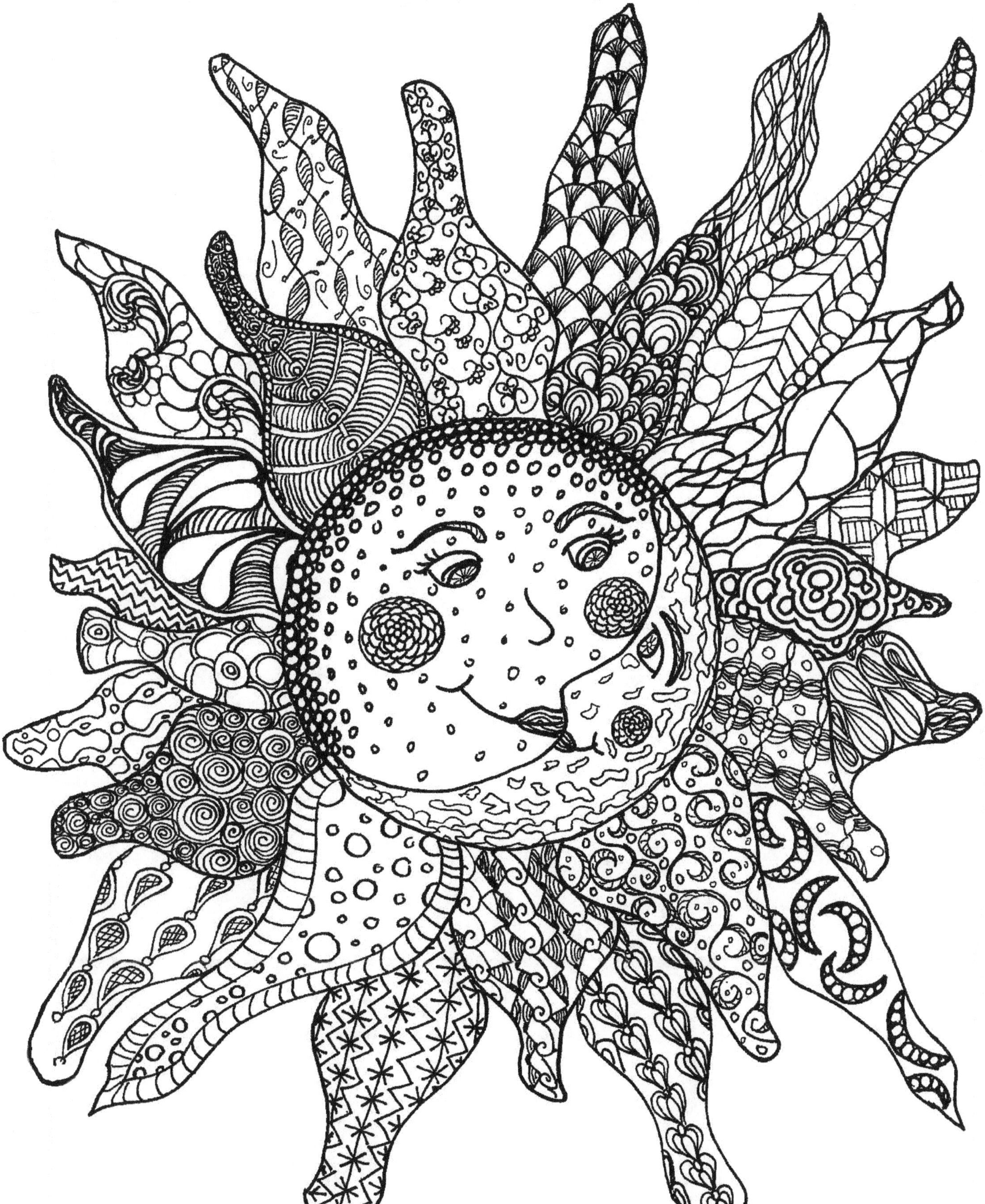

C. Louise

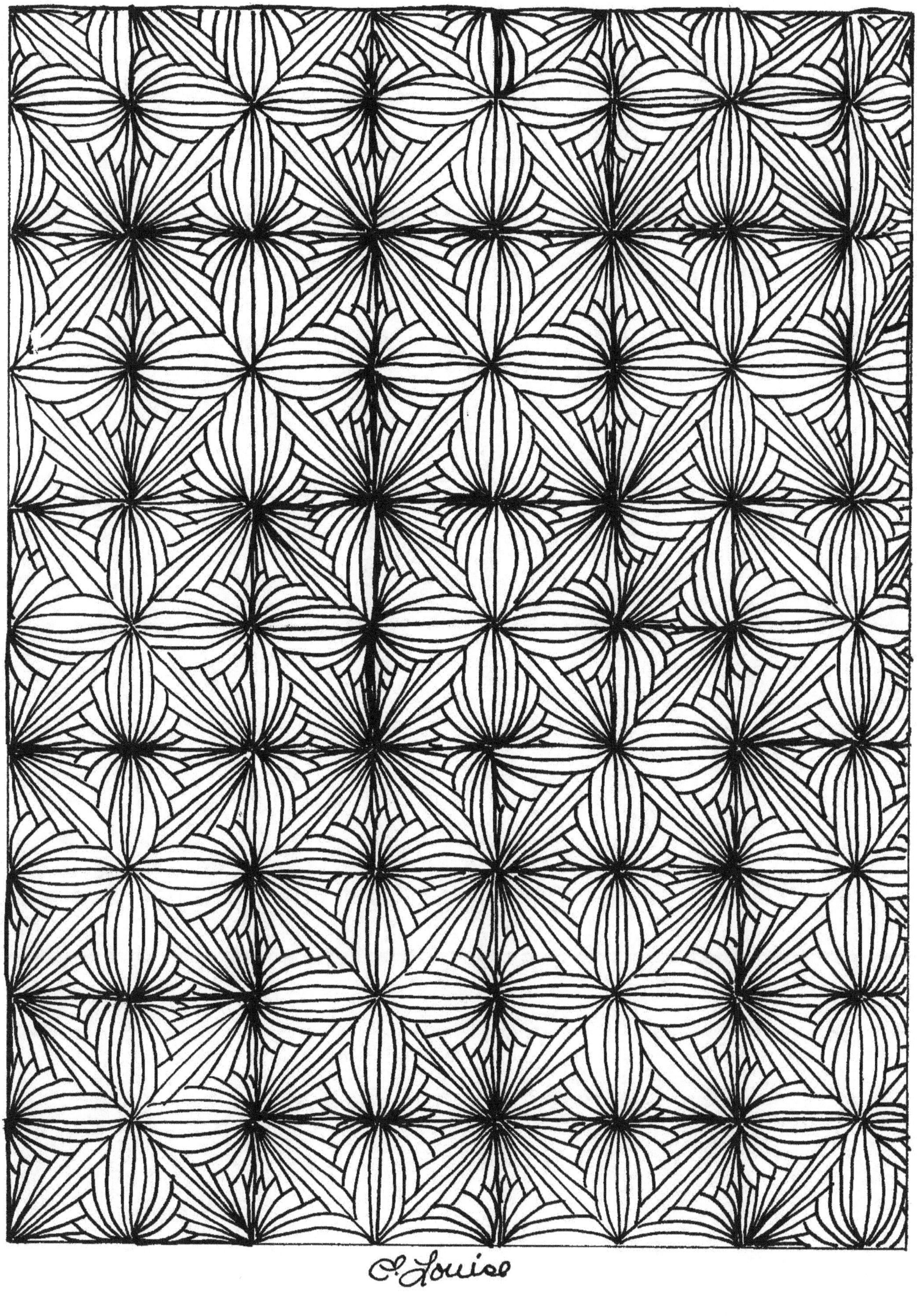

C. Louise

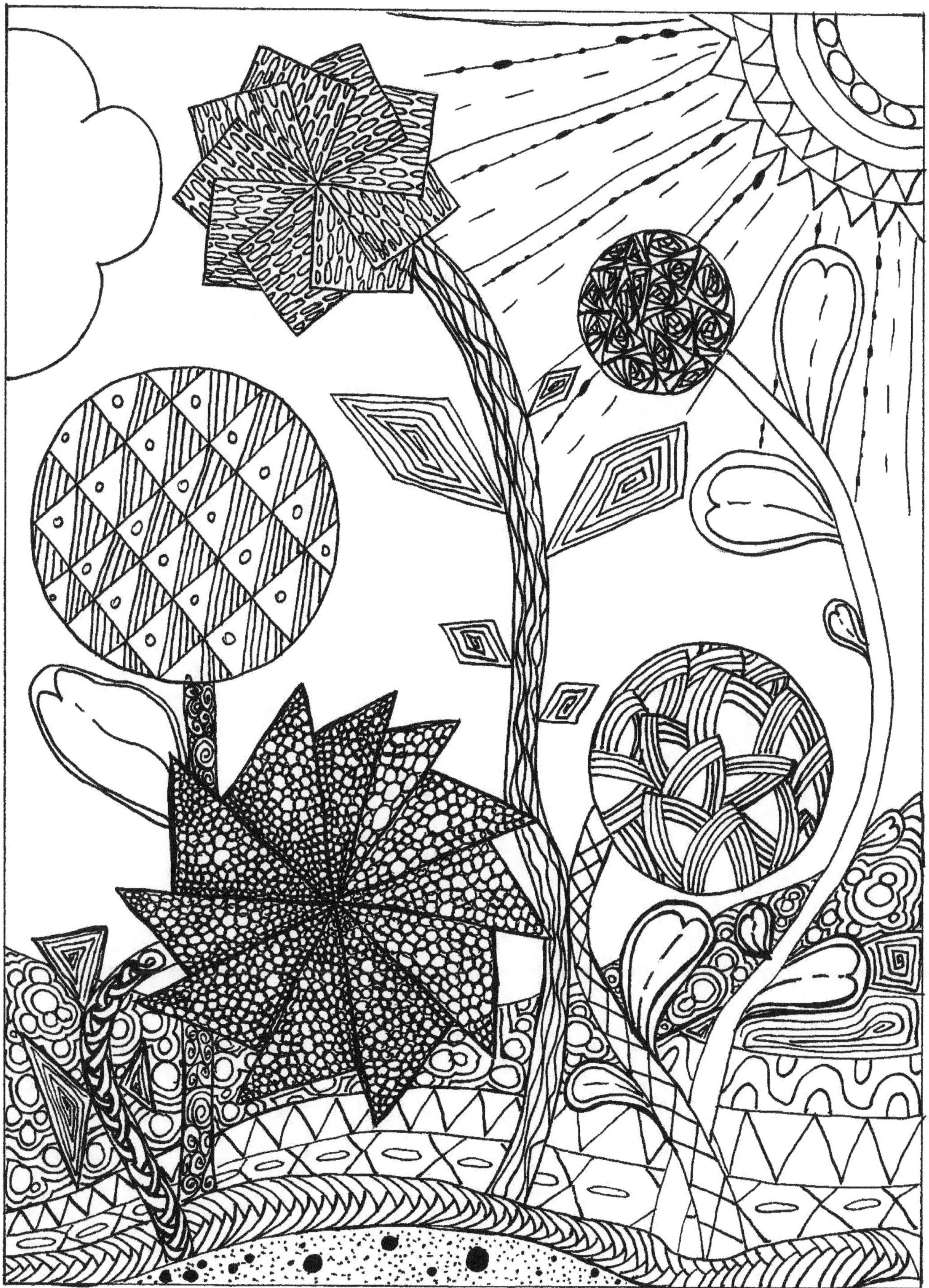

C Louise

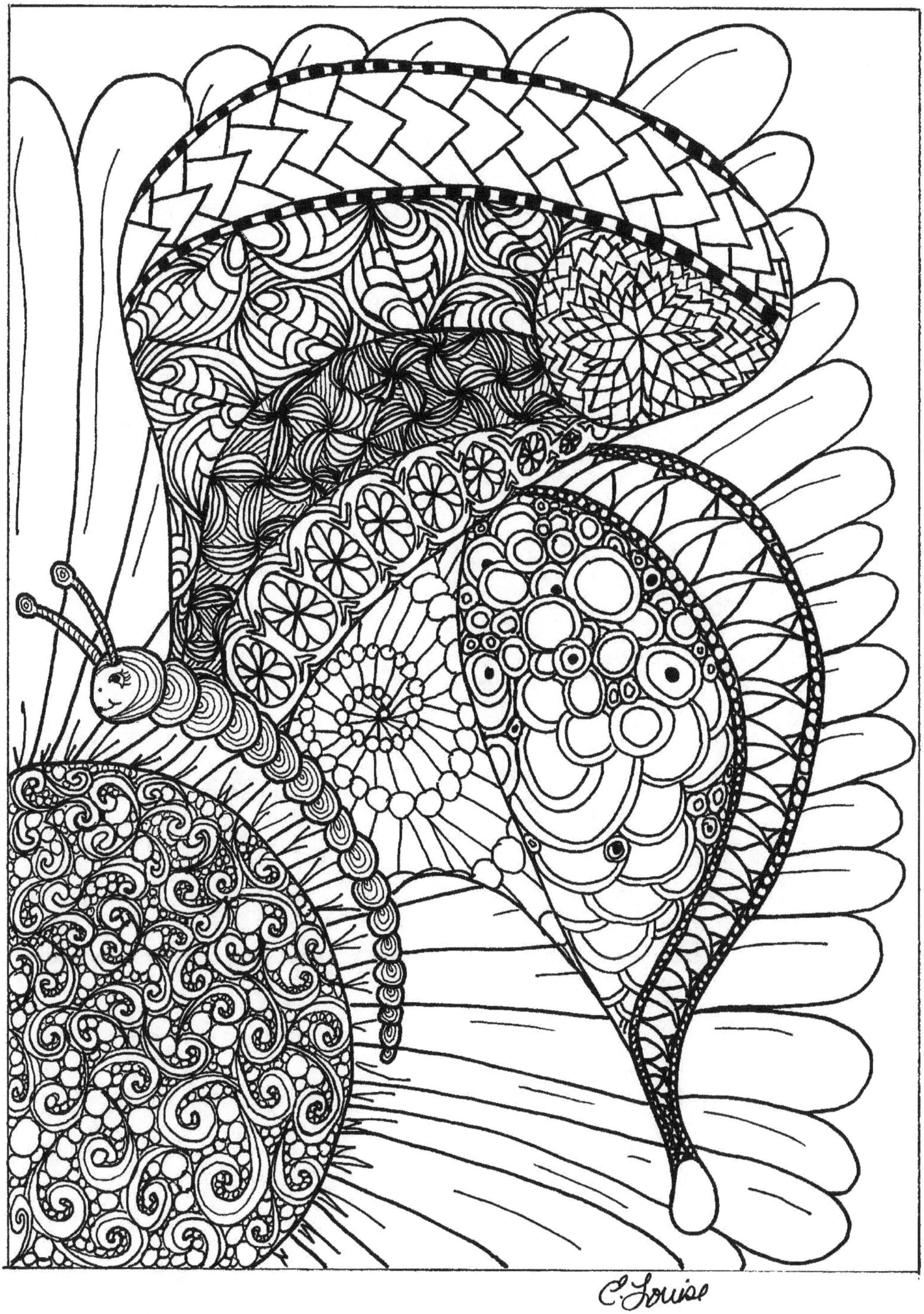

C. Louise

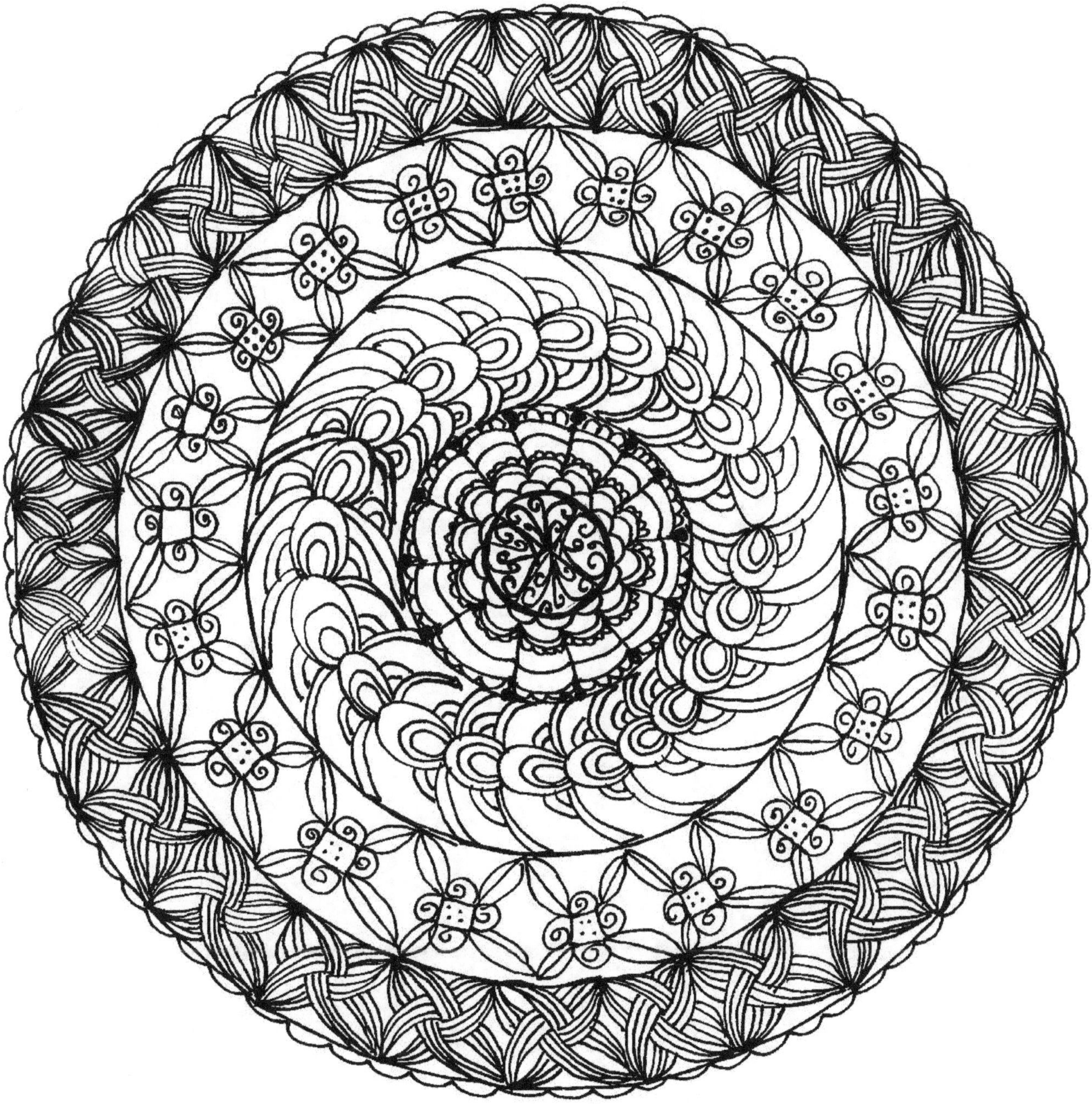

C.Louise

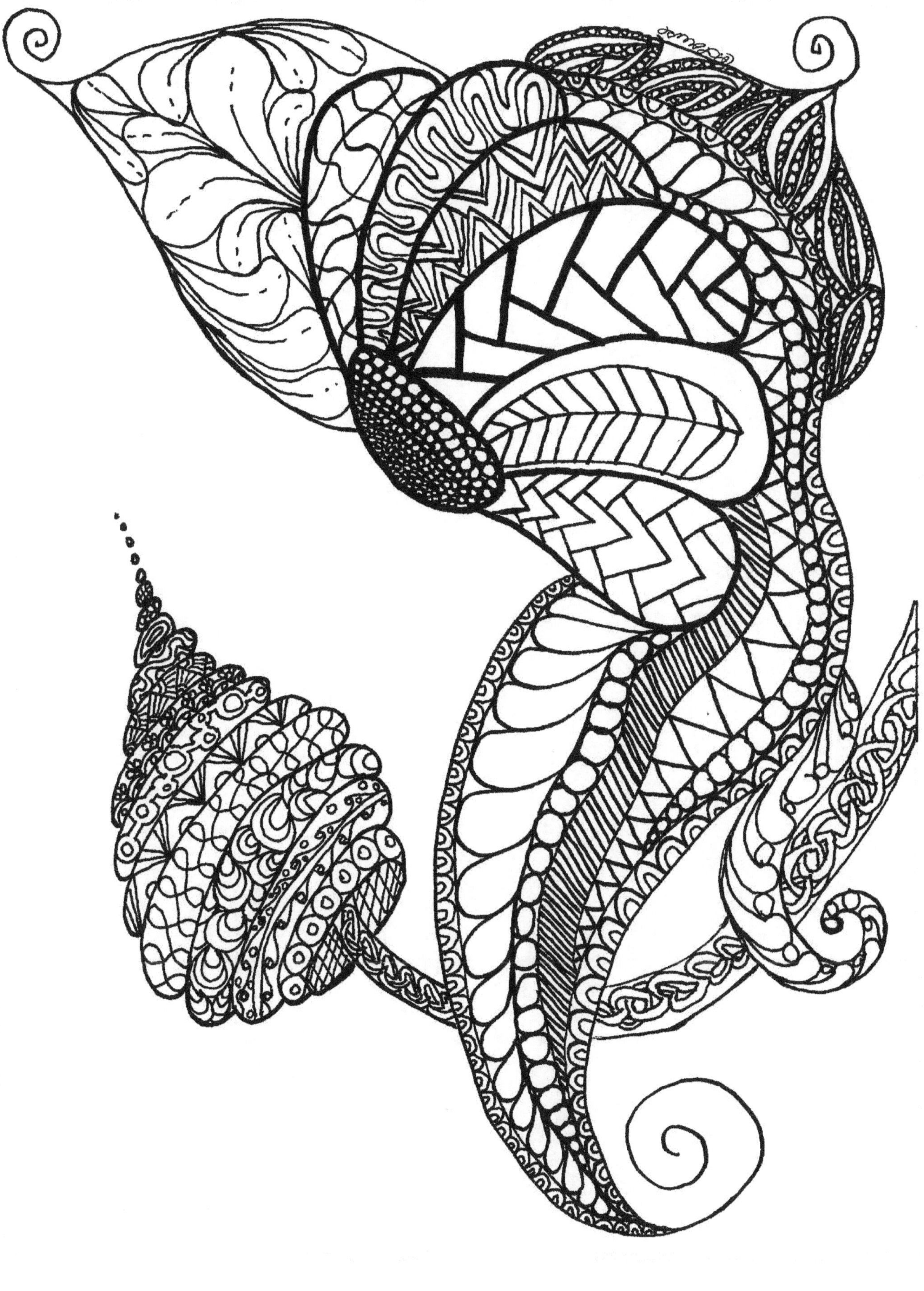

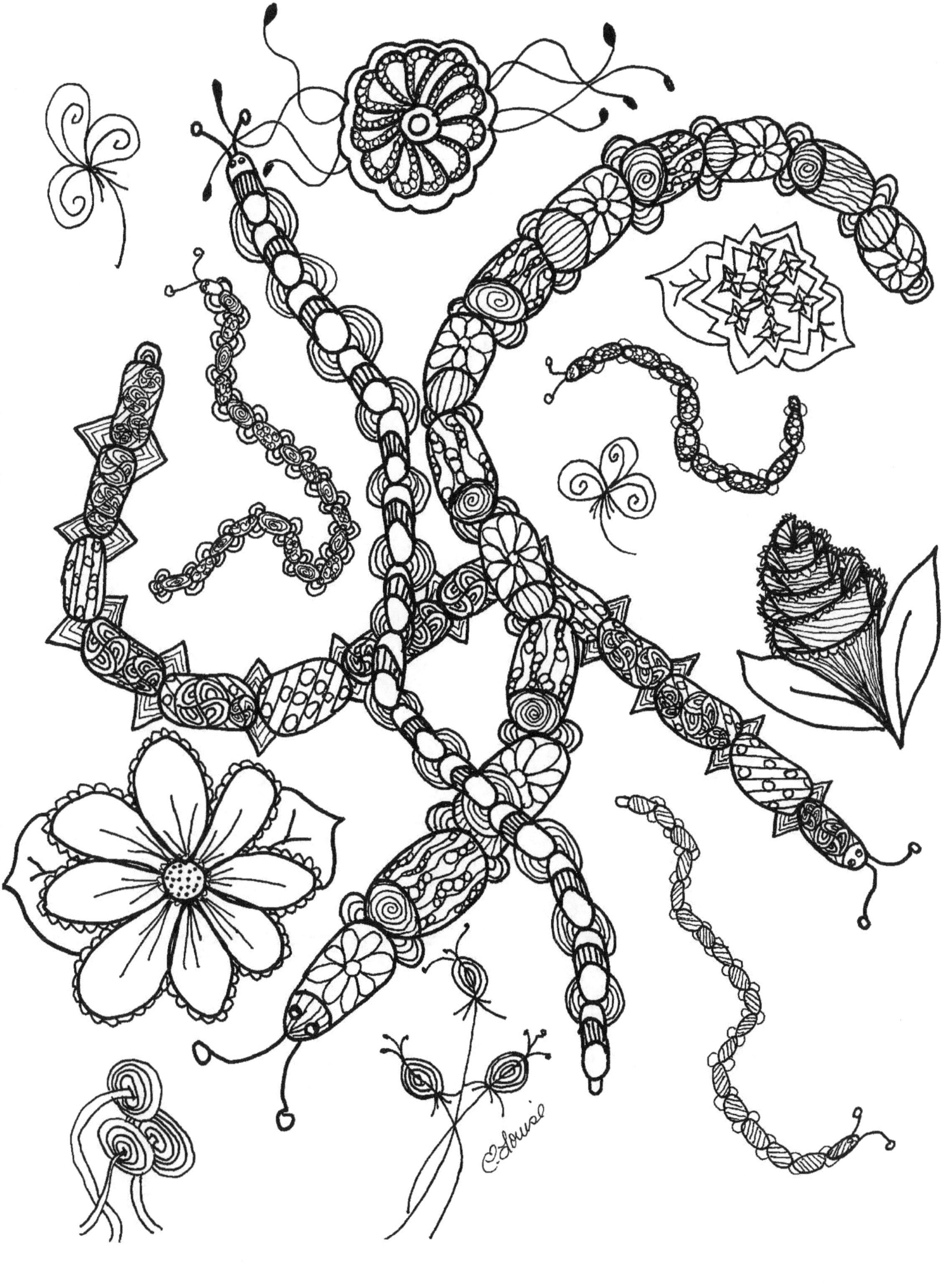
C. Louise

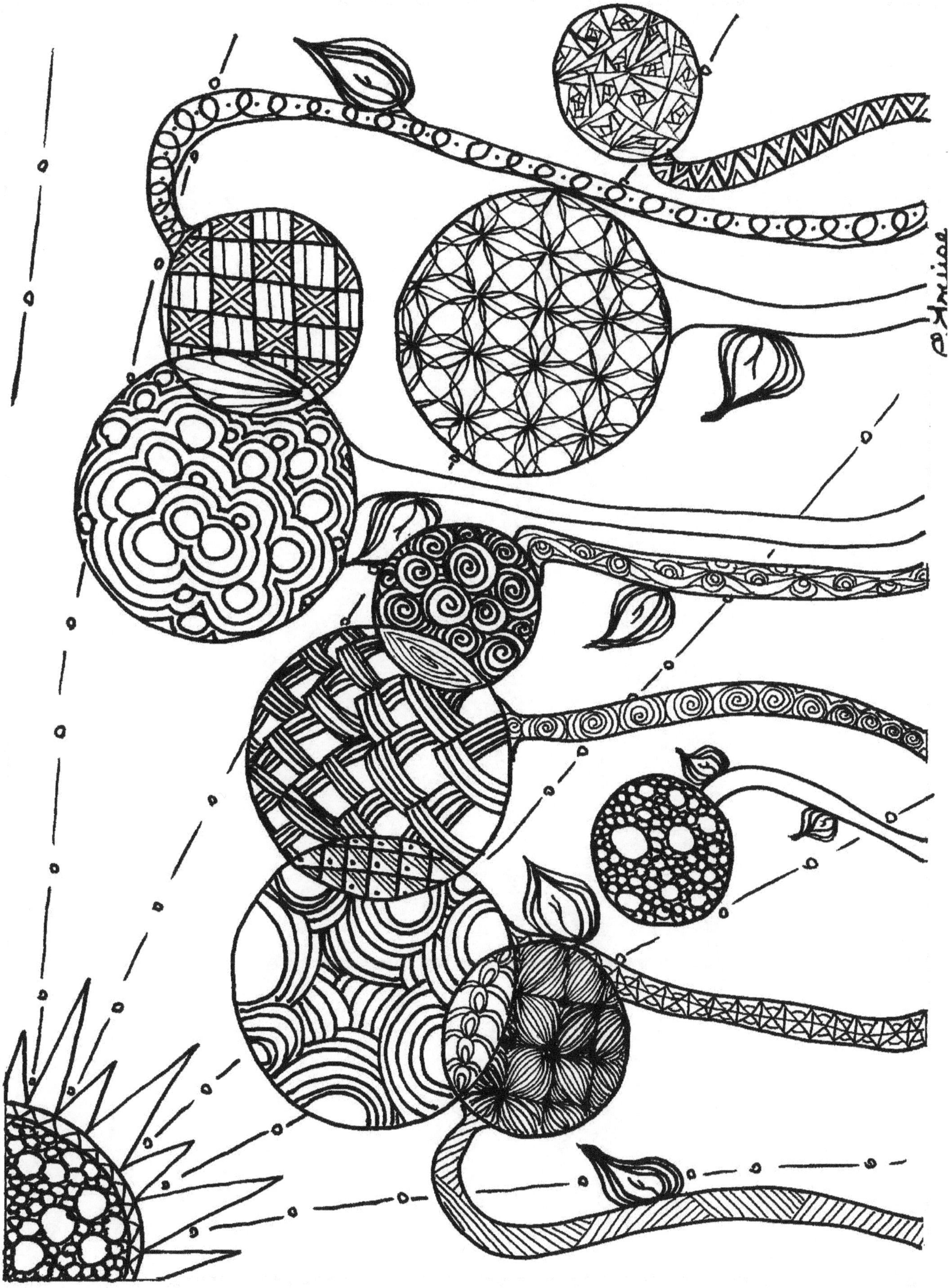

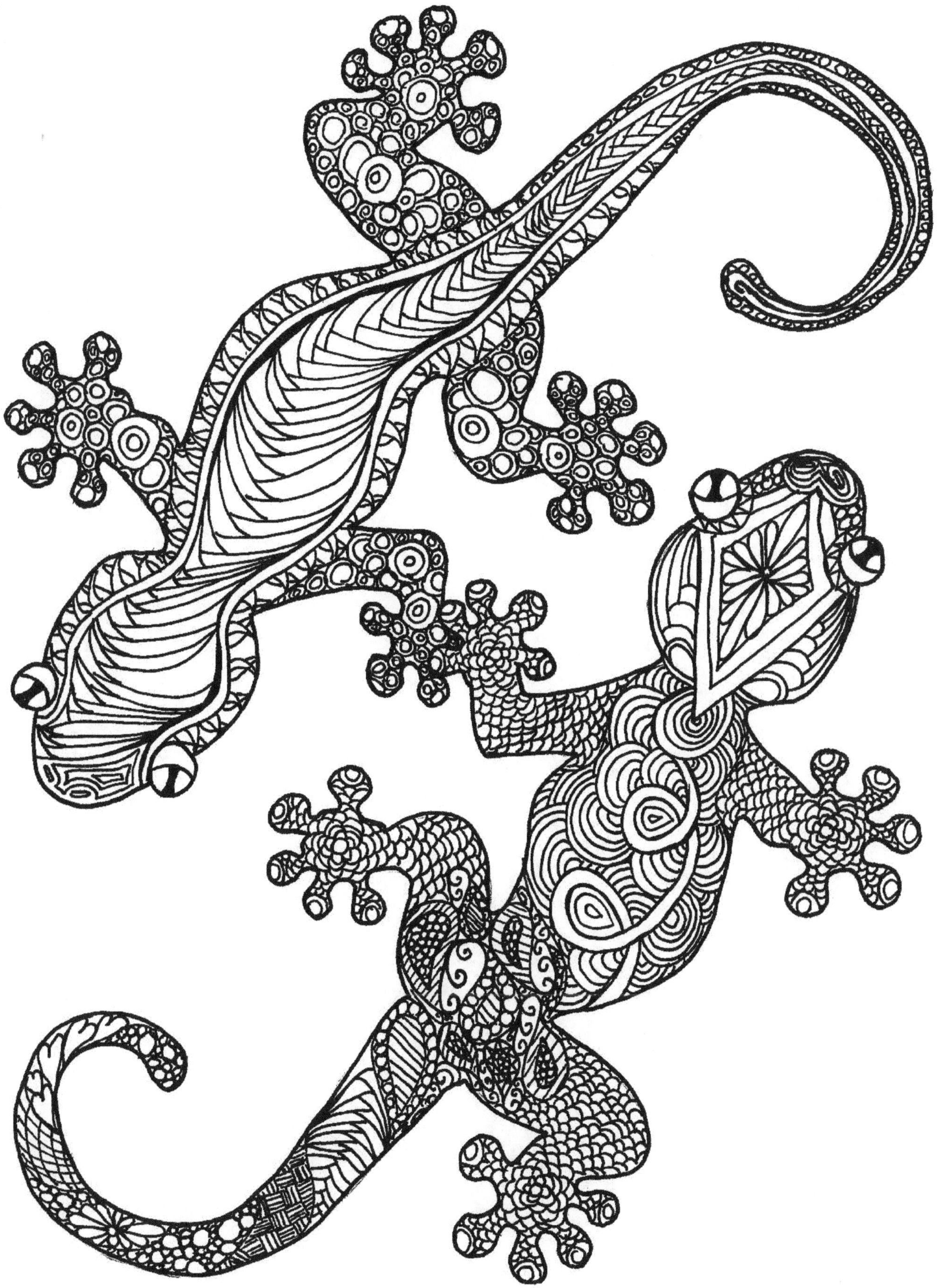

C. Louise

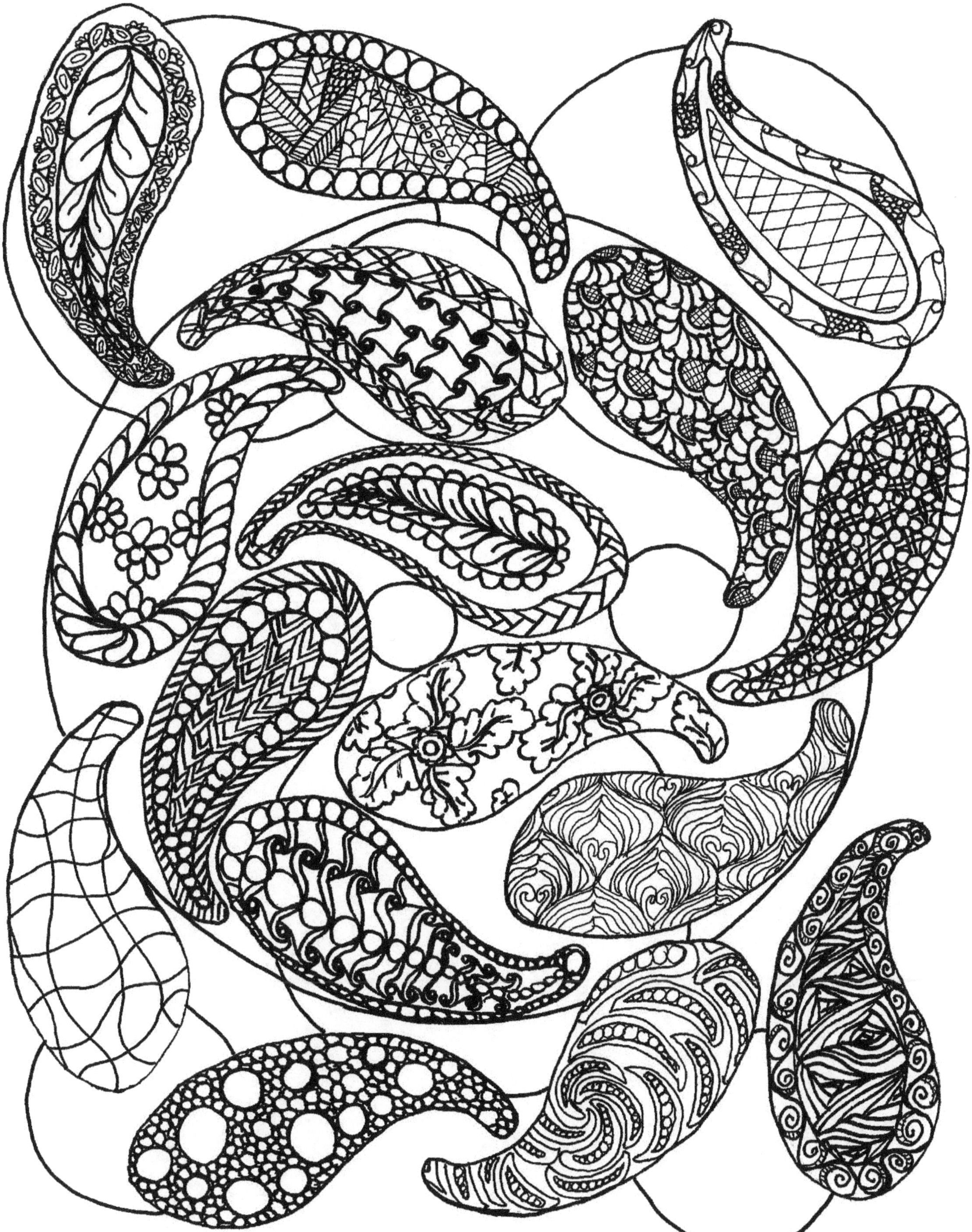

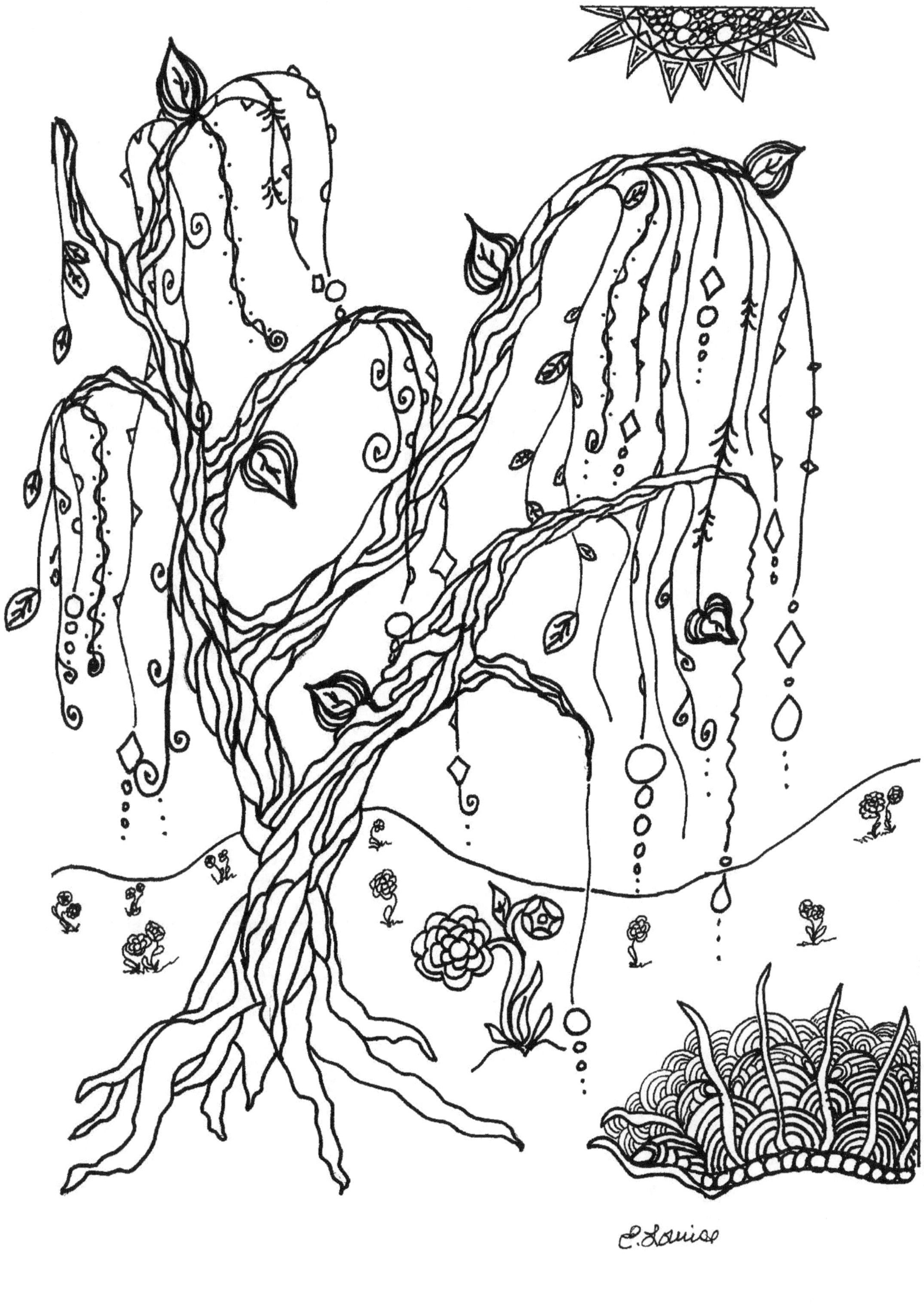
E. Louise

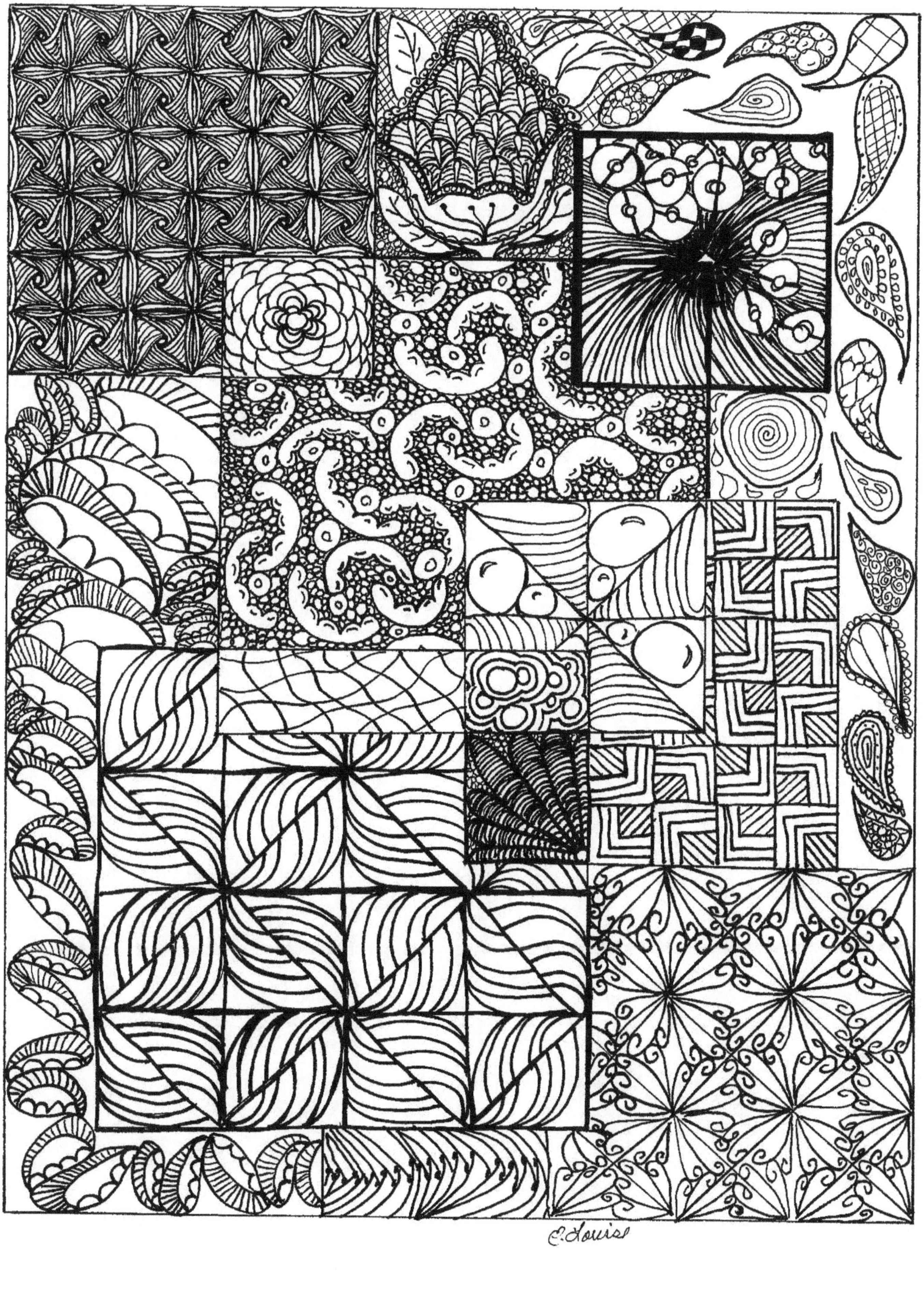
E. Louise

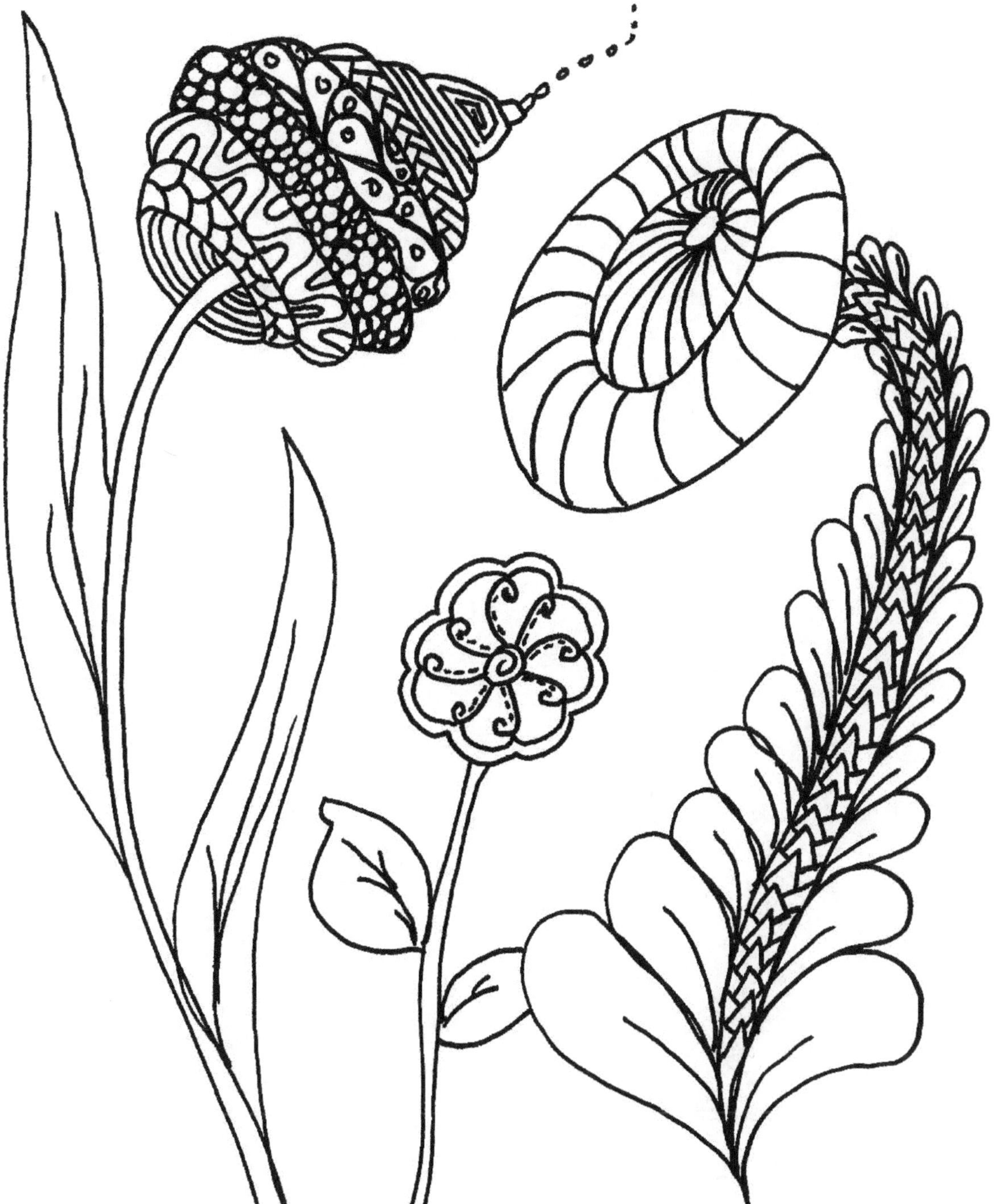

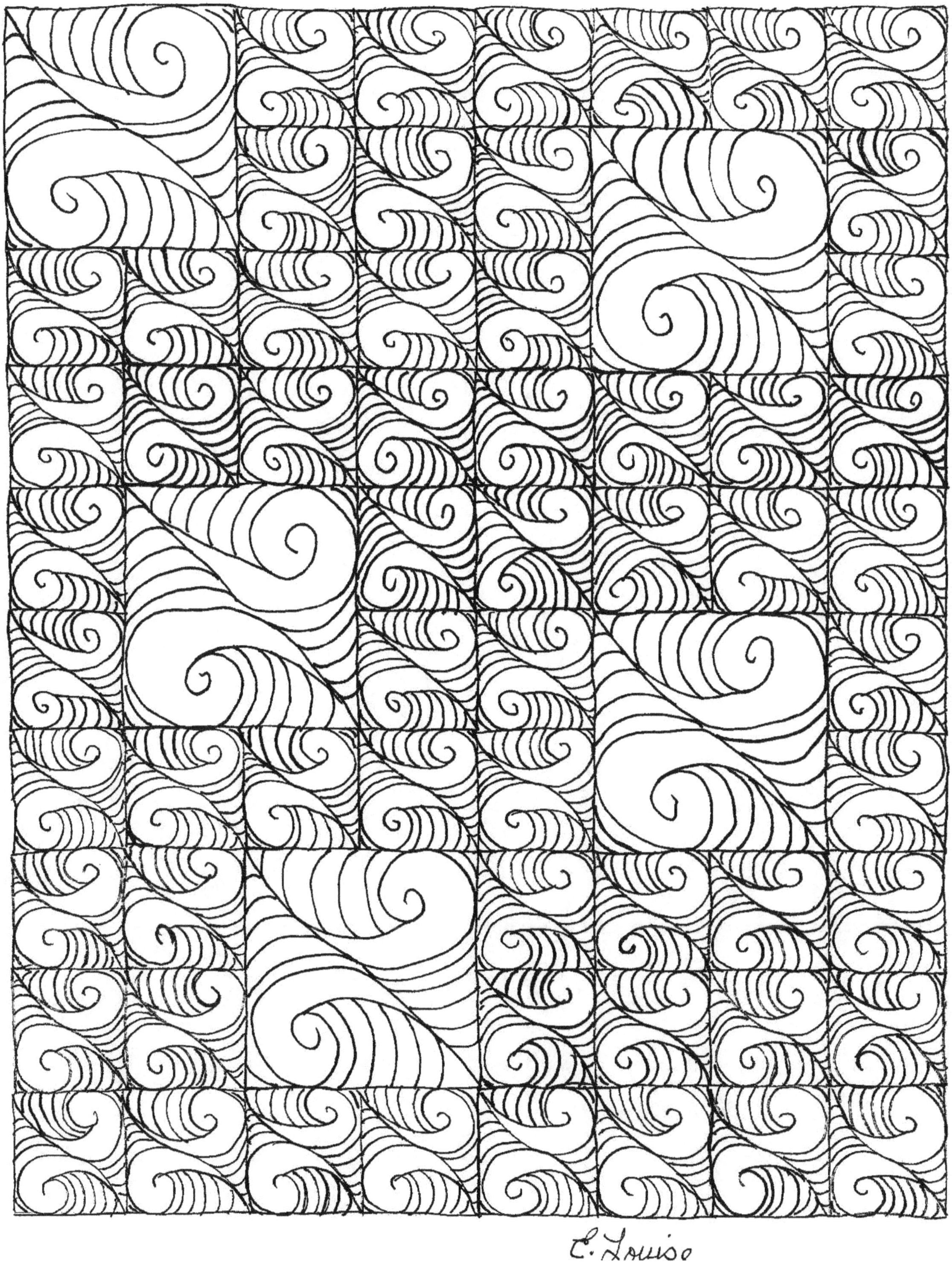

C. Lauiso

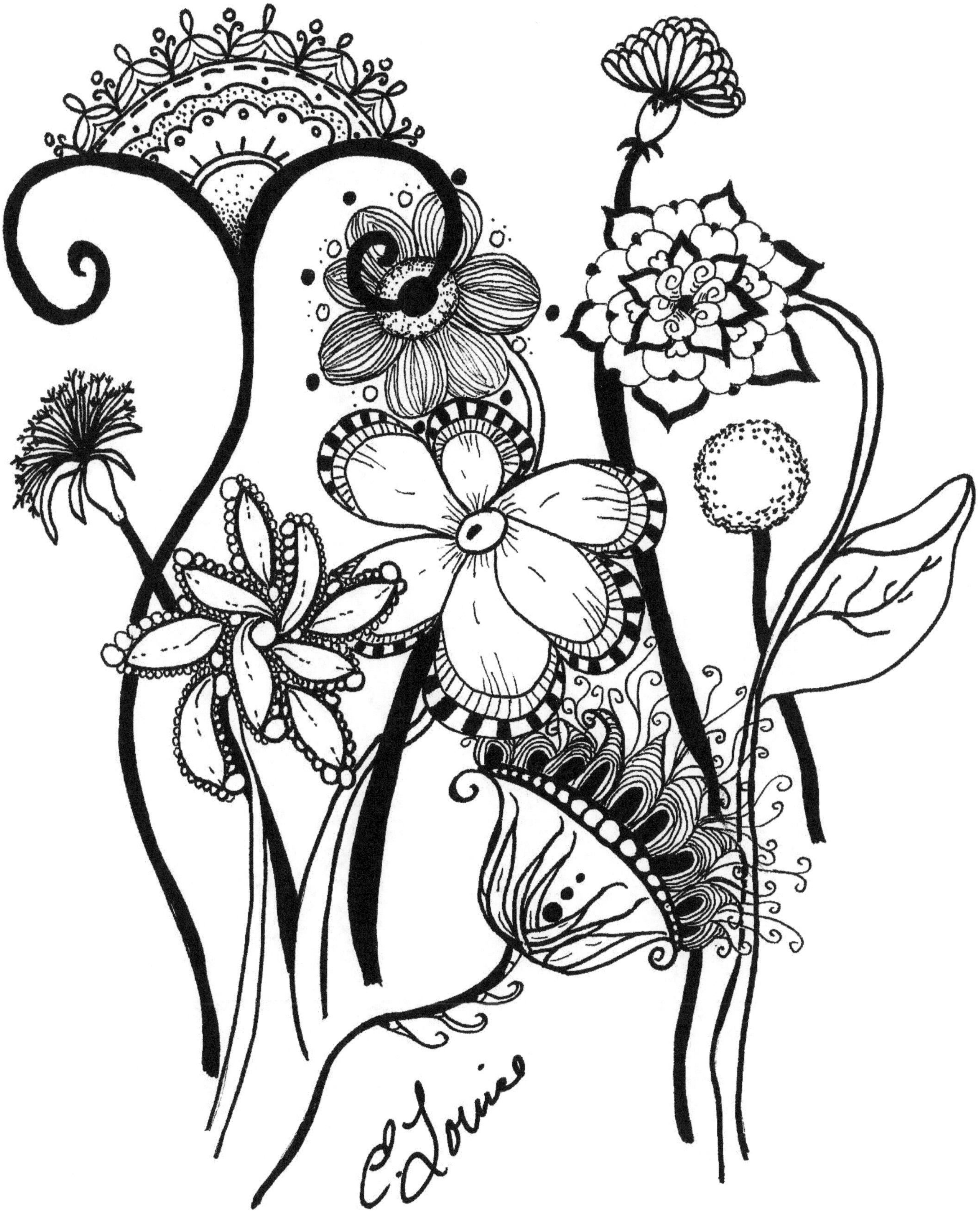
C Lorine

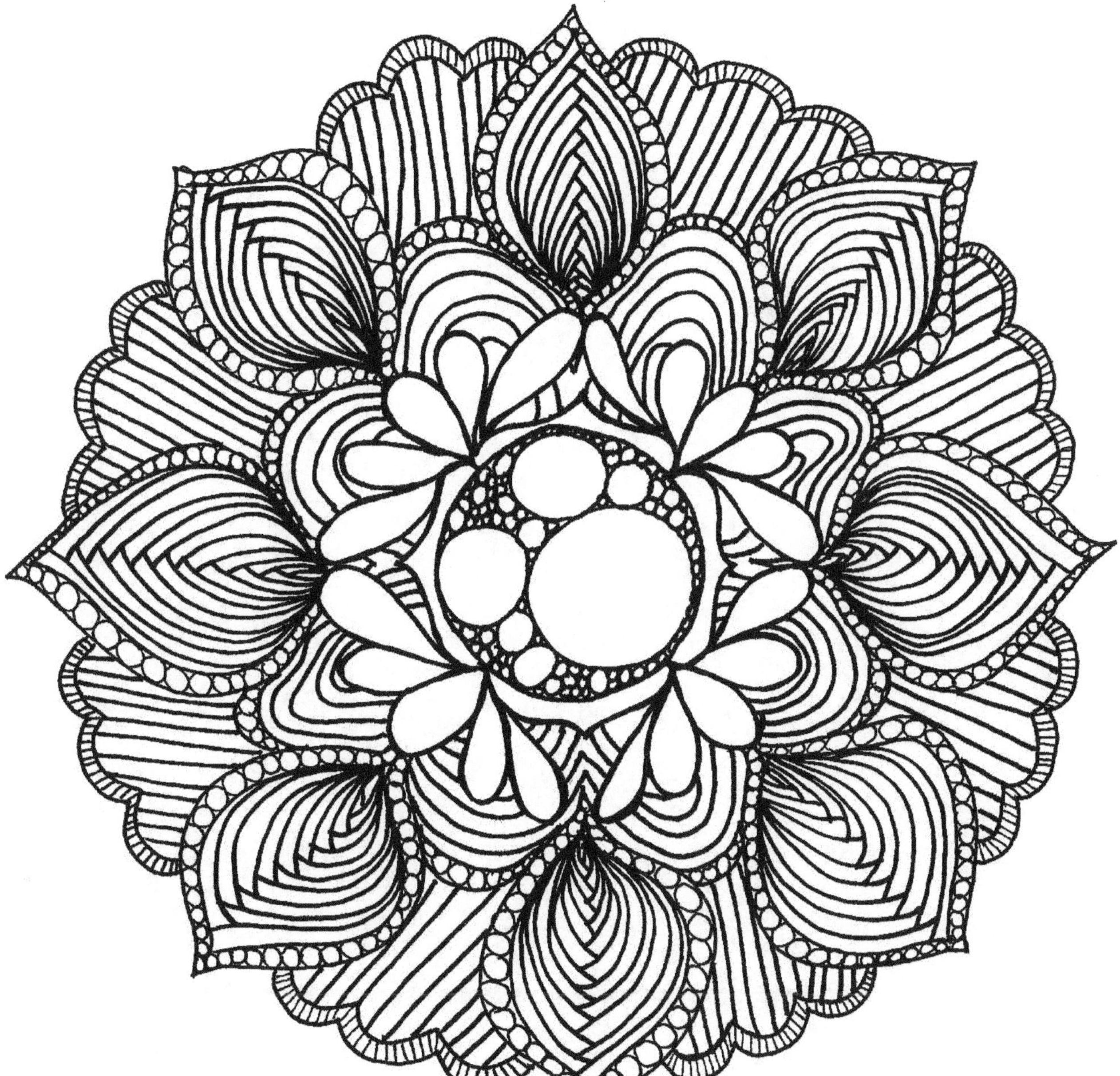

P. Louise

www.ingramcontent.com/pod-product-compliance
Lightning Source LLC
Chambersburg PA
CBHW080642190526
45169CB00009B/3469
* 9 7 8 1 5 3 3 0 3 4 9 5 3 *

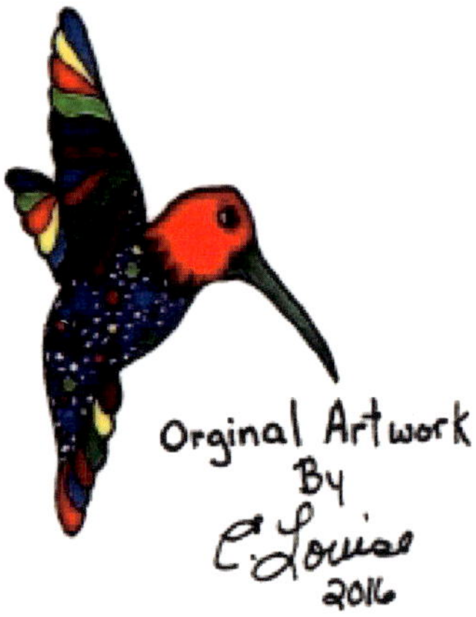

ISBN 9781533034953

90000

9 781533 034953